Vorwort

Liebe Schülerinnen, liebe Schüler!

Ihr lest und schreibt bestimmt gern.
Damit ihr richtig mit der Sprache umgehen könnt, wird in diesem Arbeitsheft die Sprache untersucht.
In vielen abwechslungsreichen Übungen lernt ihr, verschiedene Wortarten zu erkennen und Satzarten zu unterscheiden.
In den Übungen erweitert ihr euren Wortschatz und könnt euch dadurch verständlicher miteinander unterhalten.

Trolli – der Spaßmacher – begleitet euch durch das Arbeitsheft und gibt euch viele Ratschläge.

Ab Seite 49 findet ihr Lösungen für die Aufgaben.
Mit ihnen könnt ihr eure Arbeitsergebnisse überprüfen.

Wenn ihr überprüfen wollt, wie ein Wort geschrieben wird, könnt ihr ab Seite 53 in der Wörterliste nachschauen.

Auf Seite 56 beginnt der Anhang. Hier könnt ihr nachschlagen, wenn ihr Begriffe vergessen habt, die man zum Untersuchen der Sprache braucht.

Das Symbol für Partnerarbeit weist euch auf die Möglichkeit hin, mit einem Partner zusammenzuarbeiten.

Das Symbol für eine zusätzliche Aufgabe gibt den schneller arbeitenden Schülerinnen und Schülern von euch den Hinweis auf eine zusätzliche Arbeitsmöglichkeit.

Dieses Symbol sagt euch, dass ihr eine Aufgabe im Heft lösen oder am Computer bearbeiten sollt.

Nun viel Spaß und guten Erfolg beim Überlegen und Schreiben

wünscht euch euer Autor

Inhalte		Kompetenzen im Bereich *Sprache untersuchen*
Tunwörter		
Das Wasser	28	Tunwörter kennen
	29	Grund- und Personalform einander zuordnen
	30	Grundform, Personalform und Wortstamm kennen
Wiewörter – Gegensatzpaare		
Rätsel	31	Mit Wiewörtern Gegensatzpaare bilden
	32	Wiewörter – Gegensatzpaare in Sätze einfügen
Aussagesätze		
Im Bauernladen	33	Den Satz als Sinneinheit erkennen
	34	Den Satz als Sinneinheit erkennen
	35	Satzanfänge ergänzen
	36	Aussagesätze erweitern
Fragesätze		
Der erste Storch	37	Fragesätze erkennen
	38	Fragesätzen eine Antwort zuordnen
	39	Fragesätzen eine Antwort zuordnen
Aufforderungs- und Ausrufesätze		
Im Schnee	40	Aufforderungs- und Ausrufesätze erkennen
	41	Aufforderungs- und Ausrufesätze mit Satzzeichen schreiben
	42	Aufforderungs- und Ausrufesätze kennen
Zusammengesetzte Namenwörter		
Verschlafen	43	Zusammengesetzte Namenwörter zerlegen
	44	Zusammengesetzte Namenwörter erkennen
	45	Zusammengesetzte Namenwörter bilden
	46	Zusammengesetzte Namenwörter kennen
Sammelnamen		
Trödelmarkt	47	Dinge den Sammelnamen zuordnen
	48	Sammelnamen finden
Lösungen	49	
Wörterliste mit Grundwortschatz	53	
Kleine Hilfe beim Untersuchen der Sprache	56	

In der Pause

Es ist Pause.
Die Kinder spielen auf dem Schulhof.
Aber Laura ist allein.
Da fragt Ole:
„Spielst du mit?"
Laura sagt schnell: „Ja."

1. Lies den Text aufmerksam. Wie heißt der Junge, der Laura zum Mitspielen einlädt? Antworte in einem ganzen Satz.

Der Junge heißt

2. Wie ist dein Name? Schreibe in einem ganzen Satz.

3. Mit wem spielst du gerne zusammen? Schreibe in einem ganzen Satz.

4. Wie heißen die Kinder in deiner Klasse?
Lass möglichst jedes Kind aus deiner Klasse hier den Namen eintragen.

1. Schreibe die Namen der Kinder in die Satzlücken.

Auf dem Schulhof

Ole und Laura spielen mit dem Ball.

_______________ , _______________ , _______________ und

_______________ klettern am Klettergerüst.

_______________ und _______________ turnen an der Reckstange.

_______________ und _______________ spielen Tischtennis.

_______________ , _______________ und _______________

balancieren auf dem Schwebebalken. _______________ und

_______________ sitzen auf der Wippe. _______________ ,

_______________ und _______________ spielen Gummitwist.

Merke!

Alle Menschen haben Namen.
Namen von Menschen heißen Namenwörter.
Namenwörter schreibt man groß.

Mein Tier

Oliver erzählt:
„Ich habe ein kleines Kaninchen.
Das Tier ist noch ganz jung.
Es lebt in einem schönen Stall.
Jeden Tag sorge ich für mein Kaninchen.
Das Kaninchen heißt Mümmel.“

1. Lies den Text aufmerksam.
   Wie heißt Olivers Kaninchen?

2. Erzählt in eurer Klasse von euren Tieren. Wie heißen die Tiere?
   Schreibe so: **Oliver hat ein Kaninchen. Es heißt Mümmel.**

3. Z Welches Haustier wünschst du dir?

Ich heiße ______.

Ich wünsche mir ______.

Das Tier lebt ______.

Mein Tier bekommt den Namen ______.

Namenwörter

1. Schau dir oben das Bild an.
Trage die Tiernamen in die richtigen Satzlücken ein.
Kontrolliere mit der Wörterliste oder dem Wörterbuch.

Manuel beobachtet einen ______________________.

Mutter streichelt eine ______________________.

Opa füttert einen ______________________.

Kim reitet auf einem ______________________.

Trolli trägt ein ______________________ auf seinen Armen.

2. Z Schreibe die Sätze.

3. Welche Tiernamen kennst du noch? Schreibe sie auf.
Kontrolliere mit der Wörterliste oder dem Wörterbuch.

____

____

____

Im Zoo

Jan und seine kleine Schwester
Lena sind mit ihrer Mutter im Zoo.
Sie schauen einem Bären zu.
Der Bär geht langsam hin und her.
Jan erklärt:
„Der Bär kann sehr schnell laufen.
Er kann auch schwimmen.“
Mutter sagt:
„Der Bär jagt andere Tiere.
Er ist ein gefährliches Raubtier.“
Lena staunt:
„Dabei sieht er aber doch so lieb aus.“

1. Lies den Text aufmerksam. Beantworte folgende Fragen. Schreibe in ganzen Sätzen.

▶ Wie heißen die Kinder, die im Zoo den Bären beobachten?

▶ Wer hat die Kinder in den Zoo begleitet?

2. In dem Wortsuchrätsel sind waagerecht zehn Tiernamen versteckt.
Schreibe die Tiernamen neben den Rätselkasten.

N	T	B	G	I	R	A	F	F	E
P	M	K	A	M	E	L	H	Q	Q
G	H	A	F	F	E	V	V	P	Z
X	F	S	P	I	N	G	U	I	N
Z	G	N	C	Z	R	W	O	L	F
K	R	O	K	O	D	I	L	A	O
C	C	U	H	B	H	J	H	Y	Z
K	N	I	L	P	F	E	R	D	H
E	E	E	L	E	F	A	N	T	Q
L	A	M	A	Z	E	B	R	A	K

Giraffe,

Namenwörter

1. Kennst du diese Tiere?
Schreibe ihre Namen unter die Bilder. Du findest die Namen auf der vorigen Seite.

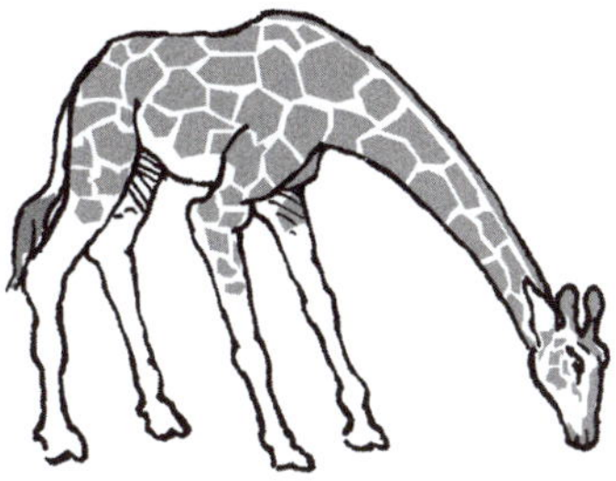

2.  Sucht euch ein Tier aus und schreibt darüber.
Ihr könnt auch in Sachbüchern nachschlagen.

3. Z  Stellt das Tier eurer Klasse vor.

Merke!

Alle Tiere haben Namen.
Namen von Tieren heißen **Namenwörter**.
Namenwörter schreibt man groß.

Im Wald

Die Eltern wandern mit Hanna und Max durch den Wald. Da entdeckt Max am Wegrand kleine Pflanzen mit roten und grünen Beeren. Max fragt die Mutter: „Darf ich diese Beeren essen?“ Mutter antwortet: „Die grünen Beeren sind noch nicht reif. Die roten Beeren sind reif. Es sind Walderdbeeren.“ „Wir sammeln die roten Beeren in unser Körbchen und kochen Marmelade daraus“, erklärt Vater.

1. Lies den Text aufmerksam.
2. Trage das Wort **Erdbeere** in die Kästchen ein.
   Das Wort **Erdbeere** ist aus den Wörtern **Erde** und **Beere** zusammengesetzt.

3. Wie heißen die Bäume neben den Bildern?
   Diese Wörter helfen dir: **Apfel, Birne, Kirsche, Pfirsich**.

 +  = Kirschbaum

 +  = ____________

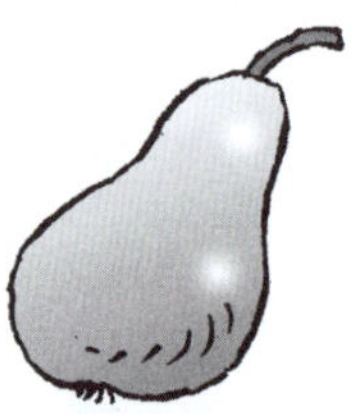 +  = ____________

 +  = ____________

Merke!

Namenwörter können zusammengesetzt werden.

Lösungen Seite 49

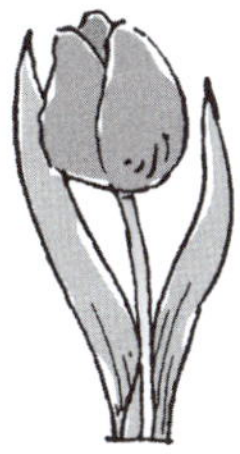
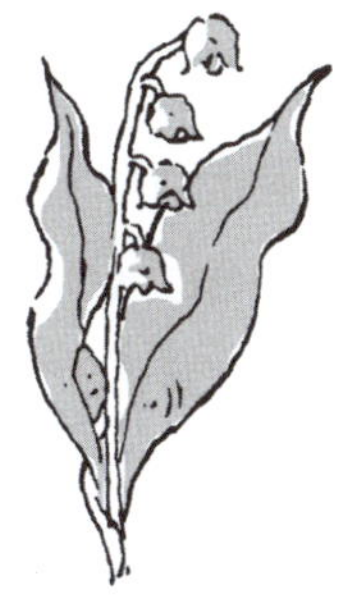

1. Kennst du diese Pflanzen? Schau auch in einem Sachbuch nach.
   Schreibe die Namen der Pflanzen unter die Bilder.
   Diese Wörter helfen dir: **Birke, Eiche, Tulpe, Himbeerstrauch, Haselnussstrauch, Maiglöckchen**.
2. Ordne die Pflanzen aus dem Bild oben in die Tabelle ein.
3. Schreibe zu jeder Gruppe noch zwei Pflanzen dazu.
   Du kannst auch in einem Sachbuch nachschauen.

Bäume	Sträucher	Blumen

Merke!

Alle Pflanzen haben Namen.
Namen von Pflanzen heißen Namenwörter.
Namenwörter schreibt man groß.

Schneewittchen bei den sieben Zwergen

Hinter den sieben Bergen wohnen die sieben Zwerge.
Schneewittchen kommt zu dem Zwergenhaus.
Die sieben Zwerge sind nicht zu Hause.
Aber der Tisch ist schon gedeckt mit Tellern, Tassen, Messern, Gabeln und Löffeln.
Schneewittchen isst und trinkt.
Dann legt es sich in ein kleines Bett. Schneewittchen schläft sofort fest ein.
Die Zwerge wundern sich sehr, als sie nach Hause kommen.

1. Welche Dinge sind auf dem Tisch? Lies den Text aufmerksam.
Schreibe auf.

Auf dem Tisch sind

Merke!

Alle Dinge haben Namen.
Namen von Dingen heißen **Namenwörter**.
Namenwörter schreibt man groß.

2. Wie viele Türen, Stühle, Fenster, Gardinen, Teller und Tassen siehst du auf dem Bild?
Schreibe auf.

Ich sehe eine Tür,

Lösungen Seite 49

Merke!

Die meisten Namenwörter haben eine
Einzahl und eine Mehrzahl.

1. Schreibe zu jedem Bild das Namenwort in der Einzahl.
   Die folgenden Wörter helfen dir: **Hemd, Hose, Jacke, Mütze, Schal, Zahnbürste, Kamm.**

2. Wie viele Dinge brauchen die sieben Zwerge?
   Schreibe neben jedes Namenwort die Mehrzahl.

		Einzahl		Mehrzahl
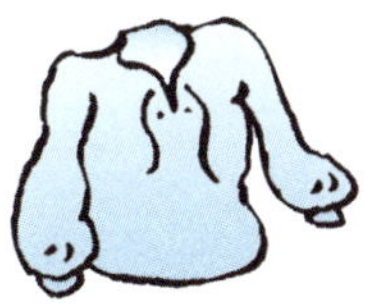	ein	Hemd	sieben	Hemden
	eine		sieben	
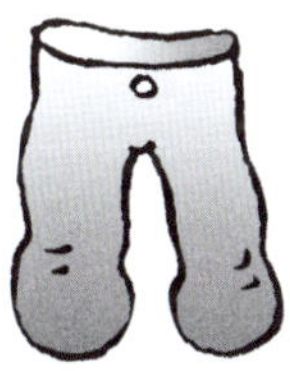	eine		sieben	
	eine		sieben	
	ein		sieben	
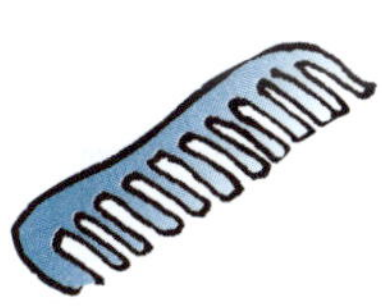	ein		sieben	
	eine		sieben	

1. Verbinde das Wort in der Einzahl mit dem Wort in der Mehrzahl.

Haus	Gabeln	Bücher	Uhr
Maus	Leitern	Mäuse	Leiter
Gabel	Häuser	Uhren	Buch
Ball	Autos	Bälle	Auto

2. Schreibe die Wortpaare.

3. Ergänze in der Tabelle die fehlenden Wörter.
Kontrolliere mit der Wörterliste oder dem Wörterbuch.

Einzahl	Mehrzahl	Einzahl	Mehrzahl
Biene	Bienen		Quallen
Fisch		Gans	
Igel			Katzen
	Pferde	Vogel	
	Zebras		Löwen

4. Z Ordnet die Einzahlwörter aus der Tabelle nach dem ABC.
Schreibt dafür jedes Einzahlwort auf einen Zettel. Ihr braucht 10 Zettel.
Kreist den Anfangsbuchstaben ein. Ordnet nun die Wörter nach dem ABC.

Lösungen Seite 49

Die Schnecke auf der Wiese

Wenn es regnet auf der Wiese,
kriecht die Schnecke aus dem Haus,
nasses Gras und grüne Kräuter
sind für sie der beste Schmaus.
Hat ihr Häuschen auf dem Rücken,
will nur nasses Grünes pflücken.
Kommt die Sonne warm hervor,
müssen alle Schnecken
schleunigst sich verstecken.

Volksgut

1. Lies das Gedicht aufmerksam.
2. Schreibe das Gedicht auf ein Blatt Papier und zeichne dazu ein passendes Bild.
3. In dem Gedicht sind einige Namenwörter unterstrichen.
   Schreibe sie mit ihrem bestimmten Begleiter **der, die** oder **das** auf.

die Wiese,

4. Kreise den bestimmten Begleiter bei den Namenwörtern, die du aufgeschrieben hast, farbig ein.
   Kontrolliere mit dem Wörterbuch.
5. Schreibe die folgenden Namenwörter mit ihrem bestimmten Begleiter auf:
   Feld, Fisch, Frau, Freund, Frucht, Fuß.

6. Z Überlege dir Namenwörter mit dem Anfangsbuchstaben **B**.
   Schreibe sie mit ihrem bestimmten Begleiter auf.
   Kontrolliere mit der Wörterliste oder dem Wörterbuch.

Merke!

Alle Namenwörter haben einen Begleiter. Die bestimmten Begleiter in der Einzahl heißen der, die oder das.

Lösungen Seite 49

1. Schreibe unter die Bilder das Namenwort mit dem bestimmten Begleiter.

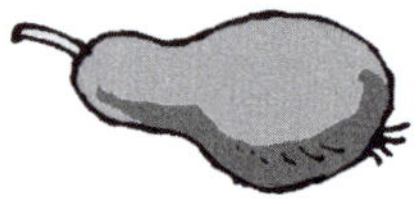

2. Schreibe nun die Namenwörter mit dem bestimmten Begleiter in der Mehrzahl.

die Äpfel,

Merke!

Der bestimmte Begleiter in der Mehrzahl heißt die.

Lösungen Seite 49

Merke!

Die meisten Namenwörter haben eine **Einzahl** und eine **Mehrzahl**.

1. Kreise die Zahl hinter der richtigen Mehrzahlform ein.
2. Male dann in dem Bild unten die Felder mit diesen Zahlen in einer Farbe aus.

die Gans	die Ganse	1	das Gras	die Gräser	7
	die Gänse	(5)		die Grase	8
die Gabel	die Gabeln	3	der Garten	die Gartens	6
	die Gäbel	9		die Gärten	2
der Hund	die Hunden	4	das Haus	die Hause	13
	die Hunde	10		die Häuser	12
der Hahn	die Hähne	20	die Hose	die Hösen	15
	die Hahnen	19		die Hosen	14
der Igel	die Igeln	16	die Insel	die Inseln	18
	die Igel	17		die Insels	21
der Junge	die Jungen	29	die Jacke	die Jäcke	23
	die Jungens	22		die Jacken	25
das Nest	die Nester	26	der Kamm	die Kamms	24
	die Nestern	27		die Kämme	28

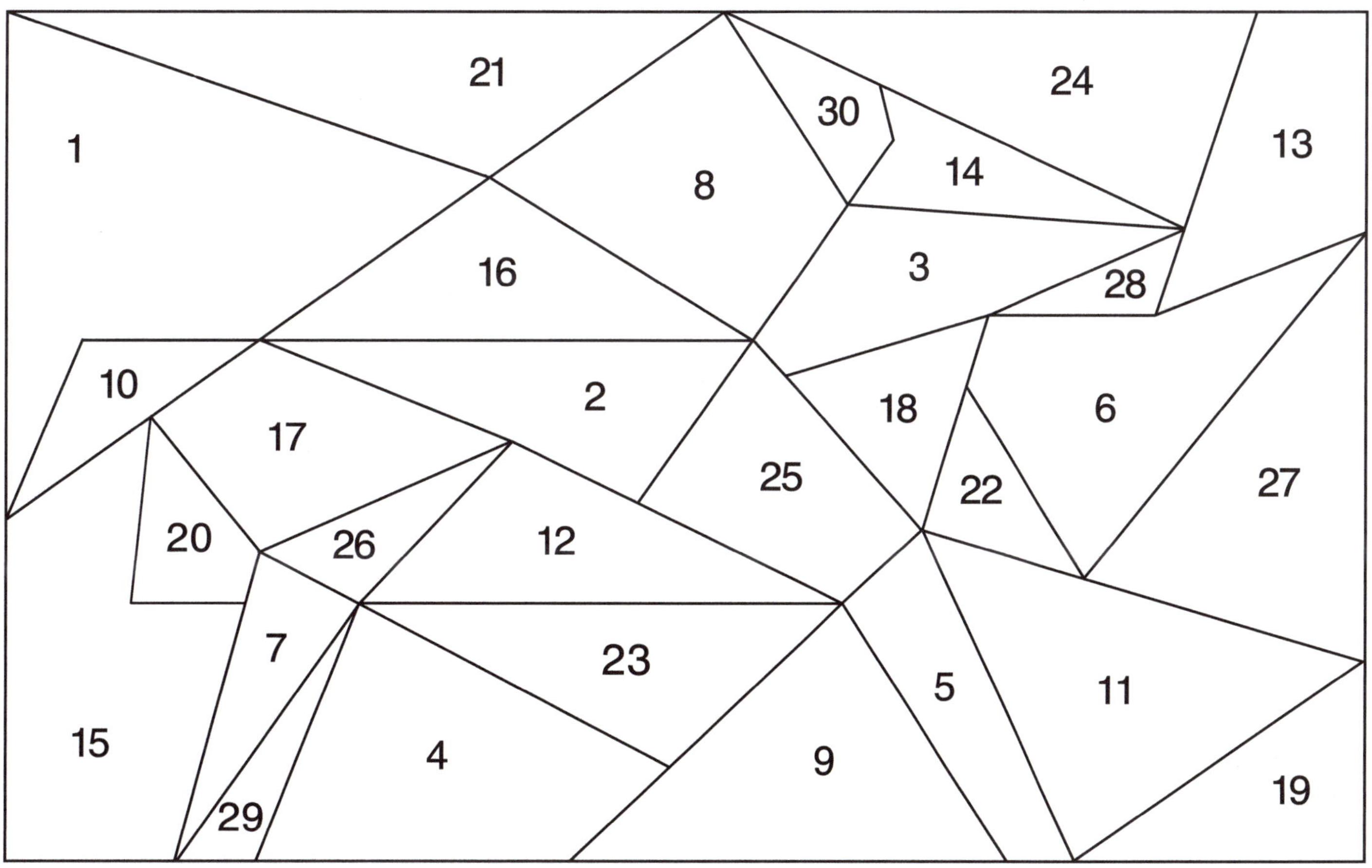

Aufräumen

Leon räumt sein Zimmer auf.
Zuerst stellt er alle Bücher in ein Regal.
In den Schrank hängt er eine Hose und eine Jacke.
Unter dem Bett liegt noch ein Baustein.
Leon wirft ihn in eine Kiste.
Seine Kasperlepuppen legt Leon in eine Schachtel.
Der Vater freut sich über das aufgeräumte Zimmer.

1. Wie räumst du dein Zimmer auf? Schreibe auf.

2. In dem Text sind einige Namenwörter mit ihren unbestimmten Begleitern unterstrichen.
Diese Begleiter heißen **ein** und **eine**.
Suche die Namenwörter mit ihren unbestimmten Begleitern und schreibe sie auf.

ein Regal

Merke!

Die unbestimmten Begleiter heißen ein und eine.
Für die Mehrzahl gibt es keinen unbestimmten Begleiter.

1. Welcher unbestimmte Begleiter passt?
Schreibe den unbestimmten Begleiter vor das Namenwort.
Nimm für **ein** die Farbe blau und für **eine** die Farbe rot.

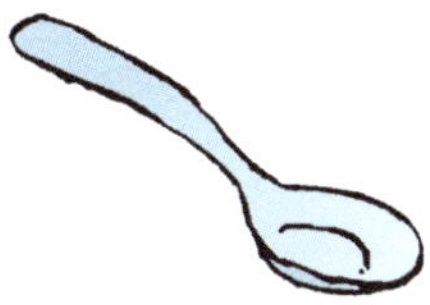
ein Löffel

Katze

Nest

Puppe

Palme

Papagei

Pilz

Roller

Leiter

Knopf

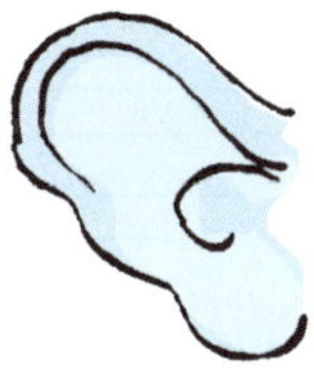
Ohr

Pony

Paket

Sonne

Tomate

Auto

1. Schreibe die Namenwörter von der vorigen Seite mit dem bestimmten Begleiter und ordne sie in die Tabelle ein.

Begleiter: ein → der	Begleiter: eine → die	Begleiter: ein → das
der Löffel	die Katze	das Nest

2. Ergänze die Sätze mit den passenden Namenwörtern.
Folgende Wörter helfen dir: **Auto, Baum, Maus, Nest, Rose, Vogel**.

▶ Vor der Kirche steht ein ______.

Vor der Kirche stehen viele ______.

3. Schreibe die folgenden Sätze wie im Beispiel.

▶ Auf dem Dach sitzt ein ______.
Auf dem Dach sitzen viele ______.

▶ In dem Garten blüht eine ______.
In dem Garten blühen viele ______.

▶ In dem Busch ist ein ______.
In dem Busch sind viele ______.

▶ In der Tiefgarage steht ein ______.
In der Tiefgarage stehen viele ______.

▶ In dem Keller wohnt eine ______.
In dem Keller wohnen viele ______.

Lösungen Seite 50

1. Hinter jedem unbestimmten Begleiter steht eine Zahl. Kreise die Zahl hinter dem Begleiter ein, die zum Namenwort passt.

2. Schreibe vor jedes Namenwort den passenden Begleiter.

	______	Affe	ein eine	1 2		______	Brot	ein eine	5 6
	______	Dach	ein eine	23 24		______	Eule	ein eine	9 10
	______	Fisch	ein eine	13 14		______	Hase	ein eine	11 12
	______	Ampel	ein eine	3 4		______	Birne	ein eine	7 8
	______	Esel	ein eine	17 18		______	Ente	ein eine	21 22
	______	Gans	ein eine	19 20		______	Kuh	ein eine	15 16

3. Verbinde die Punkte, die zu den eingekreisten Zahlen gehören, in der richtigen Reihenfolge. Beginne mit der kleinsten Zahl. Welches Bild ergibt sich? Schreibe auf.

____

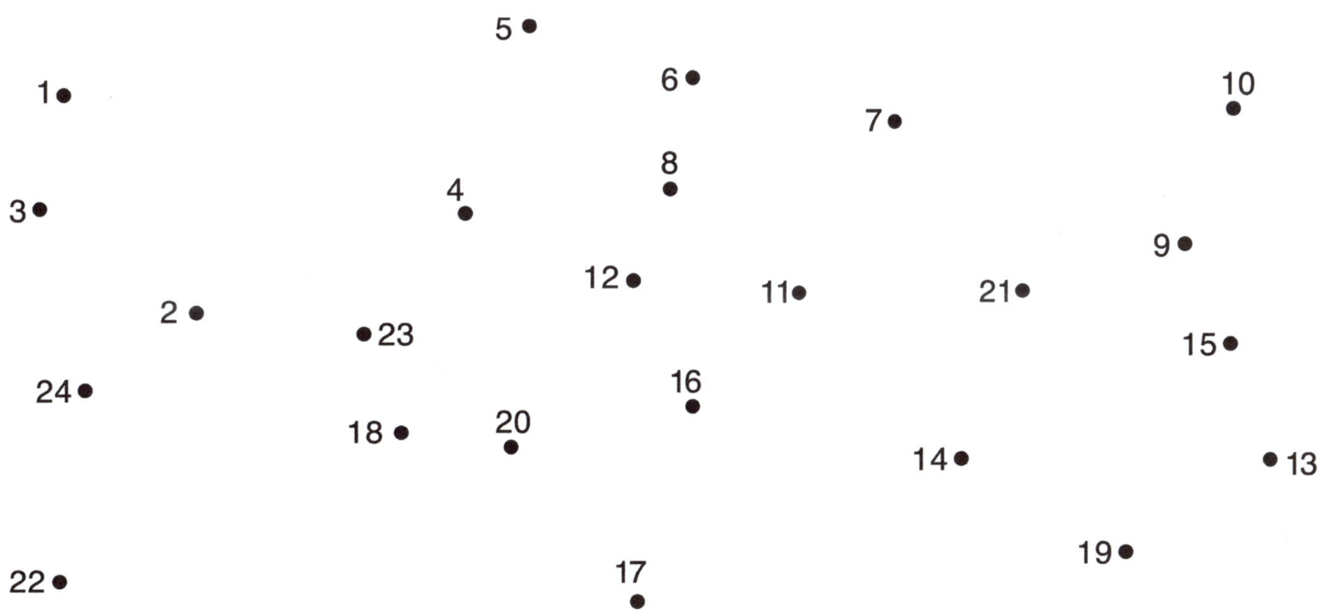

Lösungen Seite 50

Herbstgedicht

Langsam fällt jetzt Blatt für Blatt
von den bunten Bäumen ab.
Jeder Weg ist dicht besät
und es raschelt, wenn ihr geht.
Bunte Blätter fall'n vom Baum,
schweben sacht,
man hört es kaum.
Plötzlich trägt der Wind sie fort,
wirbelt sie von Ort zu Ort.
Wie sie flattern, wie sie fliegen,
sinken und am Boden liegen.

Erna Fritzke

1. Lies das Gedicht leise.

2.  Wovon erzählt euch das Gedicht? Sprecht darüber.

3. Schreibe auf, was die Blätter tun.

Die Blätter

Merke!

Die Wörter, die uns sagen, was die Blätter tun, heißen Tunwörter. Tunwörter schreibt man klein.

1. Schreibe die Tunwörter in der Grundform in die erste Spalte.
Schreibe dann die Es-Form daneben.

Grundform	Es-Form
schweben	es schwebt

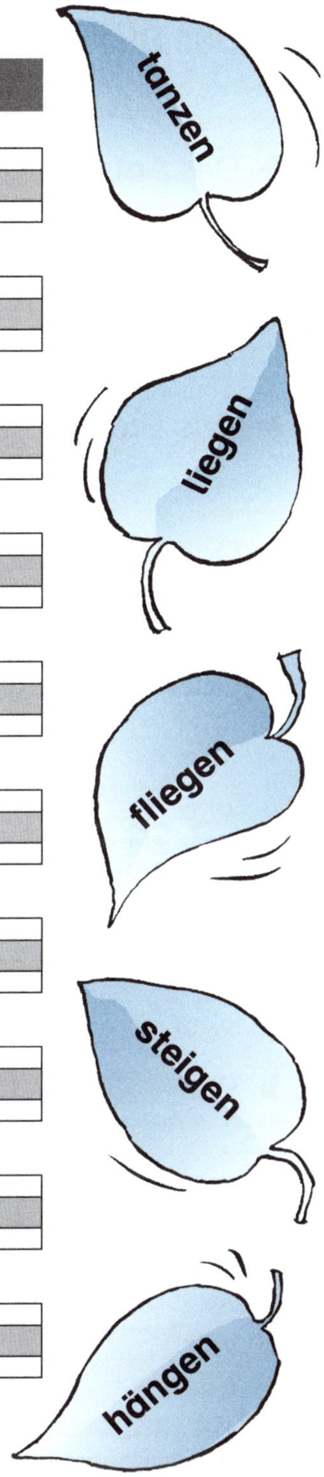

2. Schreibe mit den Wörtern von Aufgabe 1 Sätze.
Schreibe so: **Viele Blätter schweben. Ein Blatt schwebt.**

Merke!

Tunwörter haben eine **Grundform** und **Personalformen**.
Die **Es-Form** ist eine **Personalform**.
Beispiel: **schweben – schwebt**

1. Welche Tunwörter aus den Blättern von der vorigen Seite passen?
Schreibe sie in die Satzlücken.

- Das Blatt tanzt im Winde hin und her.
- Der Apfel _______________ am Apfelbaum.
- Der Drachen _______________ hoch hinauf in den Himmel.
- Das Blatt _______________ vom Baum.
- Das Boot _______________ im Sturm auf den Wellen.
- Das Flugzeug _______________ über den Wolken.

2. Schreibe nun die Sätze in der Mehrzahl.
Schreibe so: **Die Blätter tanzen im Winde hin und her.**

3. Setze die folgenden Tunwörter in der Wir-Form ein: **werfen, fegen, kleben, tanzen, sammeln**.

- Wir sammeln bunte Herbstblätter.
- Wir _______________ mit den Blättern Figuren auf Papier.
- Wir _______________ das Laub auf einen Haufen zusammen.
- Wir _______________ die Herbstblätter hoch in die Luft.
- Wir _______________ durch das Herbstlaub.

4. Z Schreibe die Sätze in der Einzahl.
Schreibe so: **Ich sammle bunte Herbstblätter.**

1. Setze die Tunwörter in der Grundform und in der Es-Form ein.

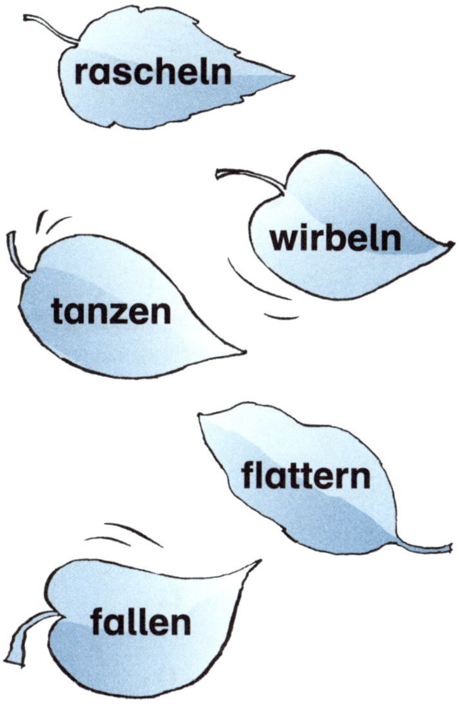

Grundform	Es-Form
rascheln	es raschelt

2. Welche Tunwörter aus den Blättern von oben passen in die Sätze?
Schreibe sie in die Satzlücken.

- Das Blatt ____________ am Zweig hin und her.
- Das Blatt ____________ durch die Luft.
- Das Blatt ____________ auf die Erde.
- Das Blatt ____________ unter den Füßen.
- Das Blatt ____________ im Herbstwind.

3. Schreibe nun die Sätze in der Mehrzahl.
Schreibe so: Die Blätter flattern am Zweig hin und her.

Merke!

Die **Wir-Form** und die **Sie-Form** in der Mehrzahl werden wie die **Grundform** der Tunwörter gebildet.
Beispiel: tanzen – wir tanzen, sie tanzen

Lösungen Seite 50

Blätter fallen

Falle,
falle,
falle,
gelbes Blatt,
rotes Blatt,
bis der Baum
kein Blatt mehr hat,
weggeflogen alle.

Volksgut

1. Was erzählt uns das Gedicht? Sprecht darüber.
2. Schreibe das Gedicht ab und gestalte ein Schmuckblatt.
3. Welche Farben haben die Herbstblätter? Schreibe auf.
4. Male die Blätter in den angegebenen Farben aus.

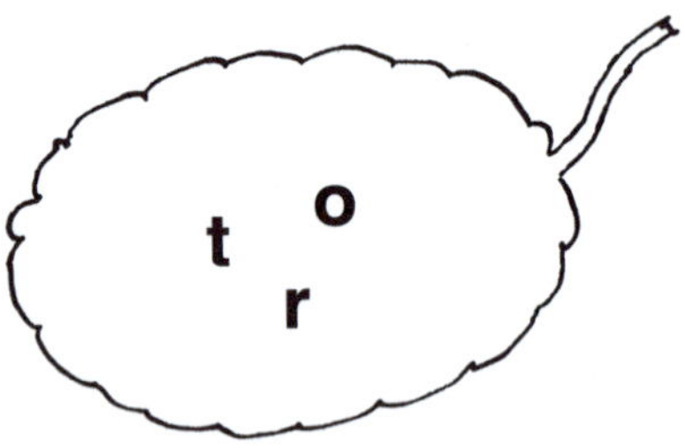

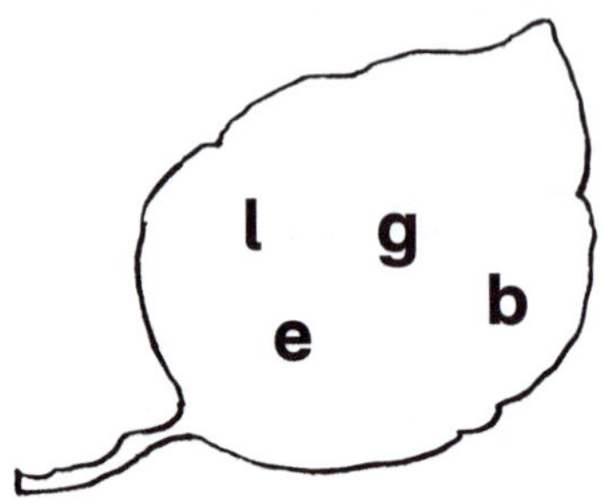

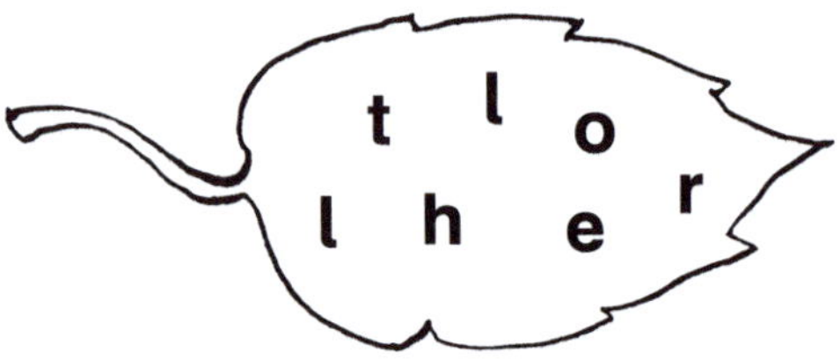

Merke! Die Wörter, die uns sagen, wie die Blätter aussehen, heißen **Wiewörter**. Wiewörter schreibt man klein.

1. Schreibe Sätze mit den Wiewörtern. Es gibt mehrere Lösungen.
Schreibe so: **Ein rotes Blatt sinkt auf die Erde.**

▶

sinkt auf die Erde.

▶

liegt unter dem Baum.

▶

schwebt in der Luft.

▶

tanzt im Wind.

▶

hängt noch am Baum.

▶

wirbelt durch die Luft.

▶

raschelt unter den Füßen.

▶

flattert am Zweig hin und her.

2. Z Überlege dir einen weiteren Satz.

Lösungen Seite 50

Das Wasser

Vom Himmel fällt der Regen
und macht die Erde nass,
die Steine auf den Wegen,
die Blumen und das Gras.

Die Sonne macht die Runde
in altgewohntem Lauf
und saugt mit ihrem Munde
das Wasser wieder auf!

Das Wasser steigt zum Himmel
und wallt dort hin und her.
Da gibt es ein Gewimmel
von Wolken, grau und schwer.

Die Wolken werden nasser
und brechen auseinand',
und wieder fällt das Wasser
als Regen auf das Land.

Der Regen fällt ins Freie
und wieder saugt das Licht,
die Wolke wächst aufs Neue,
bis dass sie wieder bricht.

So geht des Wassers Weise:
Es fällt, es steigt, es sinkt
in ewig-gleichem Kreise,
und alles, alles trinkt.

James Krüss

1. Lies das Gedicht mehrere Male, bis du es mit guter Betonung deiner Klasse vorlesen kannst.
2. Sprecht darüber, was mit den Regentropfen geschieht.
3. Schreibe die unterstrichenen Tunwörter in der Grundform auf.

fallen,

Lösungen Seite 50

1. Zwei Wolken gehören zusammen.
   Male die Paare mit der gleichen Farbe an.
2. Schreibe die Tunwörter in der Grundform und in der Er-Form.

sinken

wallen

steigt

fallen

brechen

trinkt

steigen

reißt

reißen

wächst

trägt

saugt

saugen

bricht

tragen

trinken

wachsen

wallt

fällt

sinkt

Grundform	Er-Form
wallen	er wallt

Merke!

In der Grundform und in den Personalformen verändert sich bei vielen Tunwörtern ein Teil des Wortes nicht.

Beispiel:

Grundform –		**trinken**
Ich-Form	**– ich**	**trinke**
Du-Form	**– du**	**trinkst**
Er-Form	**– er**	**trinkt**
Sie-Form	**– sie**	**trinkt (Einzahl)**
Es-Form	**– es**	**trinkt**
Wir-Form	**– wir**	**trinken**
Ihr-Form	**– ihr**	**trinkt**
Sie-Form	**– sie**	**trinken (Mehrzahl)**

1. Trage die passende Personalform in die Sätze ein. Schau in der Wörterliste oder im Wörterbuch nach.

▶ Der Regen fällt vom Himmel.

fallen

▶ Das Wasser ______ zum Himmel.

steigen

▶ Die Wolke ______ das Wasser.

tragen

▶ Die Wolke ______ auseinander.

brechen

▶ Das Wasser ______ in die Erde.

sickert

▶ Der Mensch ______ das Wasser.

trinken

▶ Die Tiere und die Pflanzen ______ das Wasser.

trinken

Lösungen Seite 50

Rätsel

Im Sommer ist es grün und stachelig.
Im Herbst ist es glatt und braun.

1. Kennst du die Lösung? Trage die Buchstaben des Lösungswortes in die Kästchen ein.

2. Schreibe die unterstrichenen Wörter auf. Es sind Wiewörter.

Merke!

Viele **Wiewörter** haben ein **Gegensatzwort**.
Beispiel: glatt – rau

3. Verbinde die Gegensatzpaare.

klein, leise, lang, dick, stark, groß, breit, dünn, laut, schwach, langsam, kurz, schnell, schmal

4. Z Schreibe die Gegensatzpaare auf.
Schreibe so: klein – groß

Lösungen Seite 51

1. Schreibe in die Sätze die gegensätzlichen Wiewörter.
Verwende die Gegensatzpaare von der vorigen Seite.

▶ Die Schale der Kastanie ist nicht rau, sondern glatt.

▶ Der Tennisball ist nicht ______, sondern ______.

▶ Die Brücke ist nicht ______, sondern ______.

▶ Die Kirchenglocke klingt nicht ______, sondern ______.

▶ Das Buch ist nicht ______, sondern ______.

▶ Der Riese ist nicht ______, sondern ______.

▶ Miniröcke sind nicht ______, sondern ______.

▶ Die Schnecke kriecht nicht ______, sondern ______.

2. Z Kennt ihr noch mehr Gegensatzpaare? Schreibt sie auf.

______

______

Im Bauernladen

Einmal in der Woche fahren Karin, Leon und Vater mit ihren Rädern zum Bauernladen. Sie wollen frisches Gemüse und Obst einkaufen. Die Bäuerin begrüßt die drei freundlich: „Na, was möchten Sie denn heute einkaufen? Ich habe frischen Salat und Blumenkohl.“ Karin fragt: „Haben Sie auch frische Himbeeren?“ Die Bäuerin antwortet: „Ja, meine Kinder haben heute morgen Himbeeren und Johannisbeeren gepflückt.“ Vater kauft zehn Pfund Kartoffeln. Leon trägt die Kartoffeln zu seinem Rad. Außerdem nimmt Vater noch grüne Bohnen, Salat, Blumenkohl, Zwiebeln und Himbeeren mit. Beinahe hätte er die Tomaten vergessen. Die Bäuerin schenkt jedem Kind noch einen Apfel.

1. Lies den Text aufmerksam.

2. Ordne die Wörter zu einem Satz. Der Text oben kann dir helfen. Denke auch an den Punkt am Satzende.

Himbeeren	kaufen	Karin	möchte

Karin

trägt	die Kartoffeln	Leon

vergisst	die Tomaten	Vater

Merke!

Mit einem Satz kannst du etwas erzählen und aussagen. Diese Sätze heißen Aussagesätze. Sie enden mit einem Punkt. Nach dem Punkt schreibt man groß.

1. Lies die Geschichte und trage die fehlenden Punkte ein.
   Die Sätze tanzen auf den Wellen.

2. Schreibe die Sätze auf.

1. Ergänze die Satzanfänge. Achte auf die Großschreibung des Wortes am Satzanfang. Diese Wörter helfen dir:

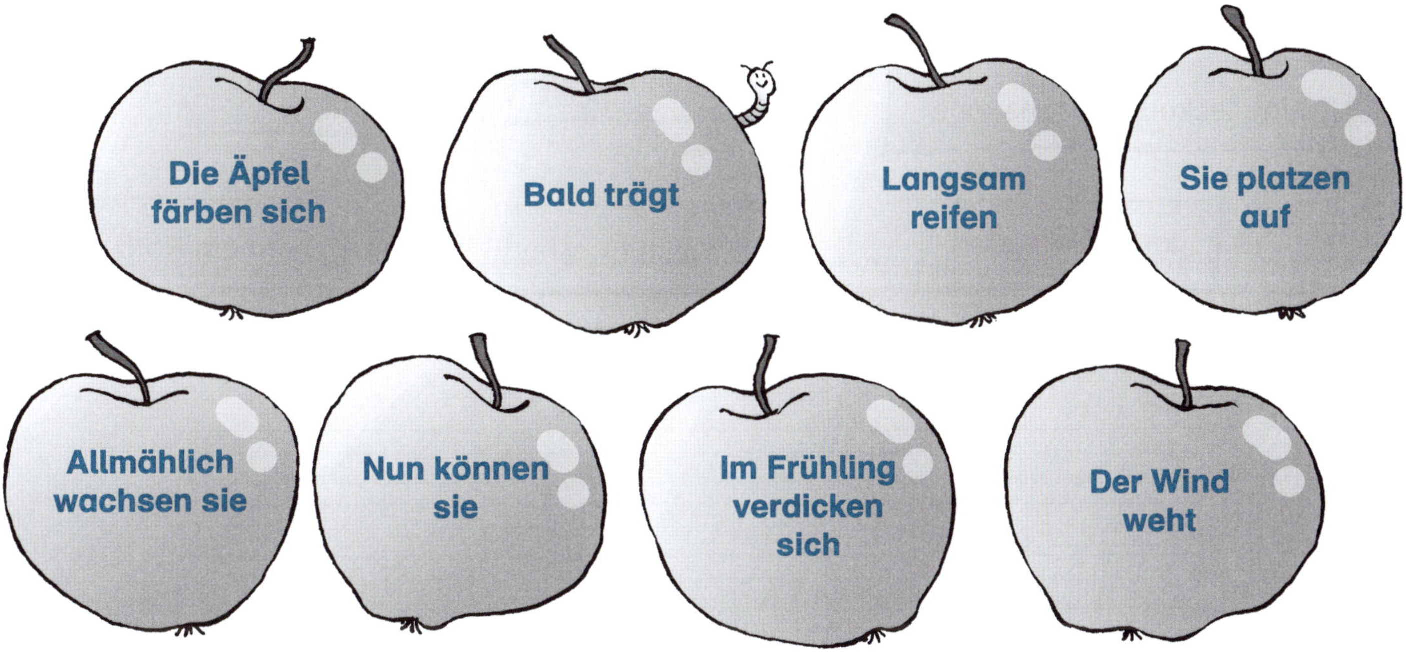

▶ ______________________ die Knospen am Apfelbaum.

▶ ______________________ und der Apfelbaum blüht.

▶ ______________________ den Blütenstaub von Blüte zu Blüte.

▶ ______________________ der Apfelbaum kleine, grüne Früchte.

▶ ______________________ und werden immer größer.

▶ ______________________ die Früchte.

▶ ______________________ rot, gelb oder hellgrün.

▶ ______________________ gepflückt und gegessen werden.

2. Z Schreibe selbst Aussagesätze, die zum Frühling passen.

1. Ergänze jeden Satz mit einer weiteren Wortgruppe. Es gibt mehrere Lösungen.
Diese Wortgruppen helfen dir. Denke an den Punkt am Satzende.

eine leckere Erbsensuppe | auf dem Herd | Kartoffeln | im Bauernladen | Walnüsse | in einem Korb

Oma kocht.

Oma kocht ______________________________ .

Oma kocht ______________________________
______________________ .

Vater kauft.

Vater kauft ______________ .

Vater kauft ______________ ______________________ .

Lena sammelt.

Lena sammelt ______________ .

Lena sammelt ______________ __________________ .

2. Z Überlege dir selbst längere Sätze. Benutze die Satzanfänge.
Oma kocht ..., Vater kauft ..., Lena sammelt ...

Merke!

Aussagesätze können erweitert werden.

Der erste Storch

Ich hab' ihn schon geseh'n, hurra!
Der erste Storch ist wieder da!
Er steht bei Nachbars auf dem Dach
und klappert alle Kinder wach!

Herr Storch, hast du die Welt beseh'n?
Frau Störchin, war die Reise schön?
Wann kamt ihr denn? Heut' in der Nacht?
Habt ihr mir auch was mitgebracht?

Ich möchte wohl ein Storch mal sein!
Dann stünd' ich stolz auf einem Bein,
wie's bei den Störchen so der Brauch,
und tüchtig klappern tät' ich auch!

Dann flög' ich bis nach Afrika
und wär' im Frühling wieder da.
Mein Nest, das baut' ich groß und dicht, –
ja, – aber Frösche fräß' ich nicht!

Adolf Holst

1. Unterstreiche die Fragesätze mit Bleistift und Lineal.
   Kreise die Fragezeichen rot ein.
2.  Was erfahrt ihr über den Storch? Sprecht darüber.
3. Was möchtest du über den Storch wissen? Schreibe Fragesätze auf.

Merke!

Wir stellen Fragen, wenn wir etwas wissen wollen.
Am Ende des Fragesatzes steht ein **Fragezeichen?**.
Mit **Fragewörtern** kann ein **Fragesatz** beginnen
(wer, wo, wann, was, wie, warum, ...).

Lösungen Seite 51

1. Ordne jeder Frage eine passende Antwort zu. Nummeriere die Antworten.

1. Was frisst der Storch?

2. Warum fliegt der Storch im Herbst in wärmere Länder?

3. Wann kommt der Storch zu uns zurück?

4. Wo hat das Storchenpaar sein Nest?

5. Wie baut der Storch sein Nest?

6. Warum brauchen die Storchenpaare ein Nest?

☐ Im Frühling kommt der Storch aus seinem Winterquartier zu uns zurück. Er nistet in seinem alten Nest.

☐ Zuerst verwendet er Erdklumpen, Wurzelwerk, Ästchen und Stroh. Innen polstert er das Nest mit Borsten, Haaren und Federn aus.

[1.] Der Storch frisst keine Pflanzen. Er frisst Frösche, Maulwürfe, Schnecken, Würmer, Blindschleichen und andere kleine Tiere.

☐ In das Nest legt die Störchin zwei bis drei Eier. Abwechselnd brüten die Störchin und der Storch die Eier aus. Die Storcheneltern füttern dann die Jungstörche und bringen ihnen das Fliegen bei.

☐ Im Winter findet der Storch nicht genügend Nahrung. Er kann auch keine Kälte vertragen.

☐ Der Storch baut sein Nest auf dem Dachfirst eines Hauses. Er nimmt auch Nisthilfen von uns Menschen an. Er baut sein Nest zum Beispiel auf dem Wagenrad, das oben auf einem hohen Telefonmast angebracht ist.

2. Stellt ein Memospiel mit den Fragen und Antworten aus Aufgabe 1 her.

1. Ordne jeder Frage eine passende Antwort zu. Nummeriere die Antworten.

1. Welche Vögel kommen im Frühling aus den wärmeren Ländern zu uns zurück?

2. Welche Blumen blühen im Frühling?

3. Wie verhalten sich die Vögel im Frühling?

4. Warum hieß früher der Mai auch Blütenmonat? Kannst du dir das denken?

5. Im Mai gibt es noch ein paar kalte Tage. Weißt du, wie die Eisheiligen heißen?

6. Wann kannst du kleine Lämmchen in der Schafherde beobachten?

☐ Im Frühling haben die Schafe kleine Lämmchen.

☐ Im Mai blühen auch die Obstbäume und viele Laubbäume.

☐ Im Frühling blühen die Schneeglöckchen, die Krokusse, die Märzenbecher, die Narzissen und die Tulpen.

1. Im Frühling kommen die Störche, die Drosseln, die Finken, die Kuckucke und die Schwalben aus den wärmeren Ländern zu uns zurück.

☐ Im Frühling bauen die Vögel ihre Nester. Sie legen Eier und brüten. Sie singen, zwitschern und jubilieren. Der Storch klappert mit dem Schnabel.

☐ Die kalten Tage im Mai werden nach Heiligen benannt. Das sind Mamertus, Pankratius, Servatius Bonifatius und die kalte Sophie.

2. Überlegt euch weitere Fragen zum Frühling und lasst sie von euren Mitschülern beantworten.

Im Schnee

Leise fallen Schneeflocken vom Himmel. Alles ist mit einer weißen Schneedecke verhüllt.
Vater eilt mit Anja, Markus und Simon in den Garten. Die Kinder bitten den Vater: „Bau bitte mit uns einen Schneemann!“
Vater ist einverstanden.
Er ruft Anja zu: „Roll eine Schneekugel!“
Markus und Simon fordert er auf: „Rollt eine sehr dicke, große Schneekugel!“
Daraus bauen sie nun einen großen Schneemann. Die große Kugel ist der Körper. Die etwas kleinere Kugel ist der Kopf.
Anja schlägt vor: „Stellt dem Schneemann einen Besen an die Seite!“
Markus bittet die Mutter: „Gib mir bitte zwei Kartoffeln, eine Möhre und eine kleine Gurke!“ Die Kartoffeln werden als Augen gebraucht. Die Möhre ist die Nase und die Gurke nehmen die Kinder als Mund.
Nun fordert der Vater seine Kinder auf: „Setzt dem Schneemann eine Krone aus Pappe auf!“
Dann rufen alle begeistert: „Hurra, nun steht ein Schneekönig in unserem Garten!“

1. Lies den Text aufmerksam.
2. Unterstreiche die Aufforderungs- und Ausrufesätze mit Bleistift und Lineal. Kreise die Ausrufezeichen rot ein.

Merke!

Nach **Aufforderungs- und Ausrufesätzen** steht ein **Ausrufezeichen !**.

Aufforderungs- und Ausrufesätze

1. Schreibe die Aufforderungs- und Ausrufesätze. Du findest sie auf der vorigen Seite. Denke an das Ausrufezeichen am Ende der Sätze.

- Die Kinder bitten den Vater:

- Er ruft Anja zu:

- Markus und Simon fordert er auf:

- Anja schlägt vor:

- Markus bittet die Mutter:

- Nun fordert Vater seine Kinder auf:

- Dann rufen alle begeistert:

2. Z Bilde selbst Aufforderungs- und Ausrufesätze.

Aufforderungs- und Ausrufesätze

Lösungen Seite 51

1. Unterstreiche den Ausrufesatz und die Aufforderungssätze.
Kreise die Ausrufezeichen rot ein.

Mutter schaut aus dem Fenster. Die Kinder rufen ihr zu: „Schau dir unseren coolen Schneemann an!“ Mutter findet ihn auch prima.

Dann ruft sie: „Kommt bitte alle zum Essen!“ Lara befiehlt: „Jan, beeil dich!“ Jan ruft gereizt zurück: „Hetz mich nicht so!“ Der kleine Tim schreit: „Ich will noch im Schnee spielen!“ Vater bittet: „Kommt, Mutter wartet mit dem Essen!“ Mutter ermahnt die Kinder: „Wascht euch die Hände!“

2. Unterstreiche in den folgenden Sätzen die Tunwörter in der Grundform.
Schreibe die Aufforderungssätze daneben.

Schreibe so: **Lara soll den Tisch <u>decken</u>. Deck bitte den Tisch!**

Jan soll die Teller bringen.

Tim soll die Löffel holen.

Jan soll die Wassergläser auf den Tisch stellen.

Vater soll eine Flasche Wasser aus dem Keller holen.

Vater soll die Suppenschüssel auf den Tisch stellen.

Mutter soll die Suppe verteilen.

Verschlafen

Mutter eilt ins Kinderzimmer und ruft: „Ich habe verschlafen! Du musst schnell aufstehen! Die Schule wartet auf dich!“ Laura springt aus dem Stockbett, wäscht sich und kommt dann eilig an den Tisch zum Frühstück. Der Schulbus ist schon abgefahren. Deshalb will Mutter Laura heute mit dem Auto zur Schule bringen. Mutter hält vor dem Gartentor. Sie öffnet die Autotür und lässt Laura einsteigen. Gerade noch pünktlich kommen sie an der Schule an. Laura trifft ihre Klassenlehrerin. Gemeinsam gehen sie ins Klassenzimmer.
Nun beginnt der Unterricht.

1. Lies den Text. In dem Text sind die zusammengesetzten Namenwörter unterstrichen. Schreibe sie untereinander in die erste Spalte der Tabelle.
2. Zerlege dann die zusammengesetzten Namenwörter. Schreibe wie im Beispiel. Achte auf das Fugen-n. Beim Zerlegen fällt es weg.

Kinderzimmer	=	Kinder	+	Zimmer
	=		+	
	=		+	
	=		+	
	=		+	
	=		+	
	=		+	

3. Z Schreibe zusammengesetzte Namenwörter mit **Tür**:
Schreibe so: **Tür + Schloss = Türschloss.**

 Lösungen Seite 52

Gesundes Pausenfrühstück

In der Klasse bereitet die Lehrerin mit den Kindern ein gesundes Pausenfrühstück zu. Die Kinder haben die Lebensmittel in die Schule mitgebracht.
Claudia möchte ein Wurstbrot. Tim möchte ein Quarkbrot.
Karim möchte ein Butterbrot. Laura möchte ein Honigbrot.
Lukas möchte ein Käsebrot. Hülya möchte ein Marmeladenbrot.
Lorenz möchte ein Schinkenbrot.

1. Lies den Text. Welche Brote wünschen sich die Kinder? Unterstreiche im Text die zusammengesetzten Namenwörter.

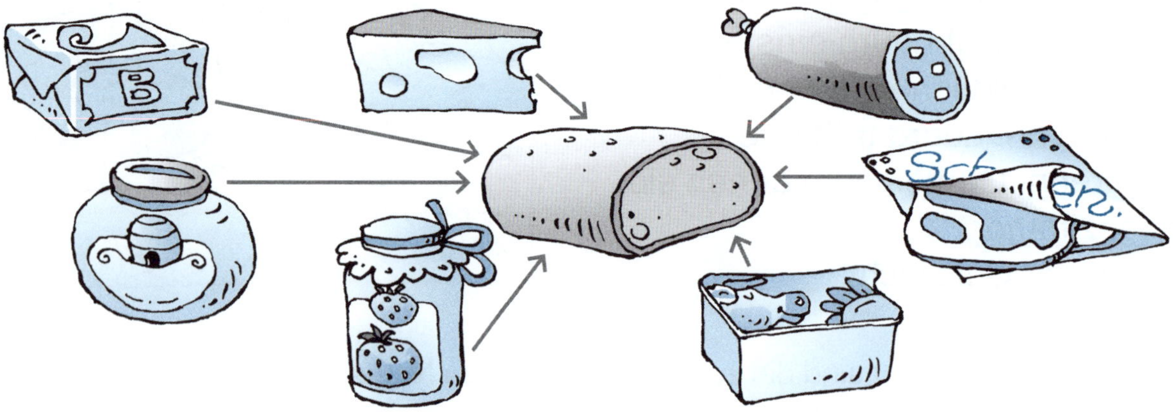

2. Schreibe wie im Beispiel.

Wurst + Brot = Wurstbrot

\+ =

\+ =

\+ =

\+ =

\+ =

\+ =

Merke!

Ein **zusammengesetztes Namenwort** beschreibt einen Gegenstand genauer. Zusammengesetzte Namenwörter werden großgeschrieben.

Lösungen Seite 52

1. Schreibe unter jedes Bild das passende zusammengesetzte Namenwort. Setze jeweils ein Wort aus dem einen Kasten mit einem Wort aus dem zweiten Kasten zusammen.

Bücher, Feder, Baum, Gummi, Ohr, Würfel, Brief, Zahn, Löffel	Becher, Marke, Haus, Regal, Ball, Ring, Stiefel, Bürste, Kaffee

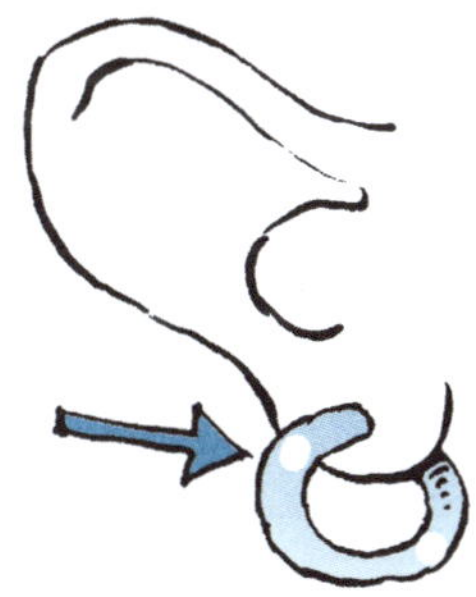

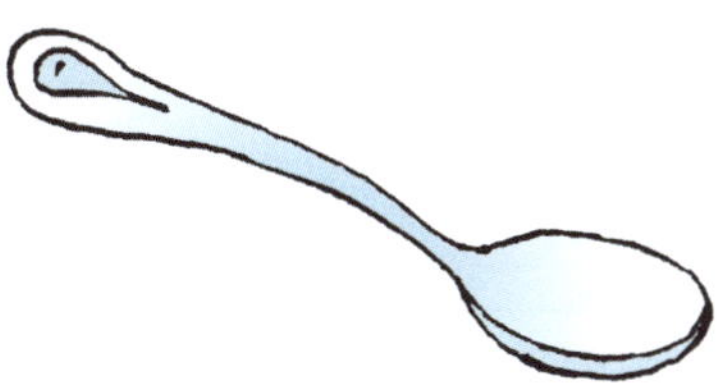
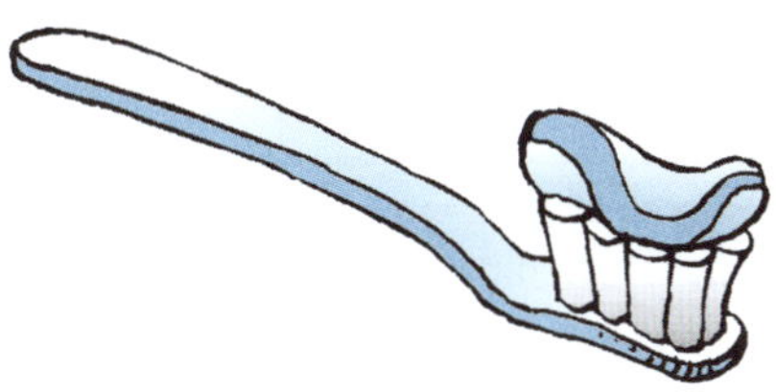

2. Zerlege die zusammengesetzten Namenwörter von Aufgabe 1.
Schreibe so: **Bücher + Regal = Bücherregal.**

3. Z Überlegt euch mit den Wörtern von Aufgabe 1 andere zusammengesetzte Namenwörter und schreibt sie auf.

Lösungen Seite 52

1. Lies die Sätze. Fällt dir etwas auf?

Der Fingerring steckt am Ohr.
Der Ohrring steckt am Finger.

Mit der Haarbürste putzt man
sich die Zähne.
Mit der Zahnbürste bürstet man
sich die Haare.

Im Vogelhaus spielen die Kinder.
Im Baumhaus liegt das Futter für die Vögel.

Die Armbanduhr befindet sich an einem Turm.
Die Turmuhr trägt man am Handgelenk.

2. Schreibe die Sätze richtig auf.

3. Unterstreiche die zusammengesetzten Namenwörter mit Bleistift und Lineal.

Trödelmarkt

Vier Wochen vor Weihnachten veranstaltet die Schule einen Weihnachtsbasar. Jede Klasse übernimmt eine Aufgabe für die Gestaltung des Basars. Die Kinder der Klasse 2a organisieren einen kleinen Trödelmarkt. Die Kinder und die Eltern spenden viele verschiedene Dinge für diesen Trödelmarkt. Die Kinder müssen dann alles ordnen, was sie verkaufen wollen. Die Einnahmen wollen sie einem SOS-Kinderdorf in Afrika spenden.

1. Ordne die Dinge den passenden Sammelnamen zu. Die folgenden Wörter helfen dir: **Wörterbuch, Würfel, Zange, Puppe, Anspitzer, Säge, Füller, Schraubenzieher, Teddy, Hammer, Farbkasten, Ball**.

Schulsachen	Spielsachen	Werkzeug

2. Z Schreibt Dinge auf, die zu den Sammelnamen **Kleidung** oder **Geschirr** passen. Kontrolliert mit der Wörterliste oder dem Wörterbuch.

1. In jeder Reihe passt ein Ding nicht in die Gruppe. Kreuze es an.

2. Schreibe über jede Gruppe den passenden Sammelnamen. Diese Sammelnamen helfen dir: **Geschirr, Werkzeug, Schulsachen, Kleidung, Spielsachen, Pflanzen**.

____

Würfelbecher ☐	Schlüssel ☐	Puppe ☐	Teddy ☐	Ball ☐

____

Füller ☐	Anspitzer ☐	Auto ☐	Wörterbuch ☐	Farbkasten ☐

____

Apfel ☐	Hammer ☐	Zange ☐	Schraubenzieher ☐	Säge ☐

____

Baum ☐	Gras ☐	Blume ☐	Amsel ☐	Strauch ☐

____

Teller ☐	Tasse ☐	Schüssel ☐	Kanne ☐	Ball ☐

____

Hose ☐	Rock ☐	Jacke ☐	Pfanne ☐	T-Shirt ☐

3. Z Findet Wörter zu den Sammelnamen **Tiere**, **Obst** und **Gemüse**. Kontrolliert mit der Wörterliste oder dem Wörterbuch.

Merke!

Sammelnamen sind **Wörter** für Dinge, die zusammenpassen. Sammelnamen ordnen Dinge.

Namenwörter

Seite 5 ▶ Nr. 1 ▶ Ole und Laura spielen; Solveig, Felix, Lorenz und Trolli klettern; Nele und Hanna turnen; Tim und Gönul spielen; Lena, Anna und Franziska balancieren; Tom und Paul sitzen; Eva, Katharina und Luisa spielen.

Seite 8 ▶ Nr. 2 ▶ Giraffe, Kamel, Affe, Pinguin, Wolf, Krokodil, Nilpferd, Elefant, Lama, Zebra

Zusammengesetzte Namenwörter

Seite 10 ▶ Nr. 3 ▶ Kirschbaum, Apfelbaum, Birnbaum, Pfirsichbaum

Seite 11 ▶ Nr. 2 ▶ Bäume: Birke, Eiche
Sträucher: Himbeerstrauch, Haselnussstrauch
Blumen: Tulpe, Maiglöckchen

Einzahl und Mehrzahl

Seite 12 ▶ Nr. 2 ▶ eine Tür, acht Stühle, drei Fenster, vier Gardinen, sieben Teller, sieben Tassen

Seite 13 ▶ Nr. 2 ▶ Hemden, Mützen, Hosen, Jacken, Schals, Kämme, Zahnbürsten

Seite 14 ▶ Nr. 1 ▶ Haus – Häuser, Maus – Mäuse, Gabel – Gabeln, Ball – Bälle, Uhr – Uhren, Leiter – Leitern, Buch – Bücher, Auto – Autos

Bestimmte Begleiter

Seite 15 ▶ Nr. 5 ▶ das Feld, der Fisch, die Frau, der Freund, die Frucht, der Fuß

Seite 16 ▶ Nr. 1 ▶ der Apfel, die Birne, das Pferd, die Blume, der Vogel, die Biene, das Gras, das Schaf, das Kind

▶ Nr. 2 ▶ die Äpfel, die Birnen, die Pferde, die Blumen, die Vögel, die Bienen, die Gräser, die Schafe, die Kinder

Seite 17 ▶ Nr. 1 ▶ die Gänse, die Gabeln, die Hunde, die Hähne, die Igel, die Jungen, die Nester, die Gräser, die Gärten, die Häuser, die Hosen, die Inseln, die Jacken, die Kämme

Unbestimmte Begleiter

Seite 19 ▶ Nr. 1 ▶ ein Löffel, eine Katze, ein Nest, eine Puppe, eine Palme, ein Papagei, ein Pilz, ein Roller, eine Leiter, ein Knopf, ein Ohr, ein Pony, ein Paket, eine Sonne, eine Tomate, ein Auto

Seite 20 ▶ Nr. 2 ▶ ein Baum – Bäume

▶ Nr. 3 ▶ ein Vogel – Vögel, eine Rose – Rosen, ein Nest – Nester, ein Auto – Autos, eine Maus – Mäuse

Seite 21 ▶ Nr. 1 ▶ ein Affe, ein Dach, ein Fisch, eine Ampel, ein Esel, eine Gans, ein Brot, eine Eule, ein Hase, eine Birne, eine Ente, eine Kuh

▶ Nr. 3 ▶ Stern

Tunwörter

Seite 22 ▶ Nr. 3 ▶ Die Blätter fallen, rascheln, schweben, wirbeln, flattern, fliegen, sinken, liegen

Seite 23 ▶ Nr. 1 ▶ schweben – es schwebt, tanzen – es tanzt, fallen – es fällt, liegen – es liegt, sinken – es sinkt, fliegen – es fliegt, treiben – es treibt, steigen – es steigt, schwanken – es schwankt, hängen – es hängt

Seite 24 ▶ Nr. 1 ▶ tanzt, hängt, steigt, fällt, treibt, fliegt

▶ Nr. 3 ▶ sammeln, kleben, fegen, werfen, tanzen

Seite 25 ▶ Nr. 1 ▶ es raschelt, es wirbelt, es tanzt, es flattert, es fällt

▶ Nr. 2 ▶ flattert, wirbelt, fällt, raschelt, tanzt

Wiewörter

Seite 26 ▶ Nr. 3 ▶ rot, hellgrün, braun, hellrot, grün, gelb

Tunwörter

Seite 28 ▶ Nr. 3 ▶ fallen, saugen, steigen, wallen, brechen, wachsen, brechen, sinken, trinken

Seite 29 ▶ Nr. 2 ▶ wallen – er wallt, fallen – er fällt, trinken – er trinkt, reißen – er reißt, wachsen – er wächst, saugen – er saugt, brechen – er bricht, steigen – er steigt, tragen – er trägt, sinken – er sinkt

Seite 30 ▶ Nr. 1 ▶ Der Regen fällt; Das Wasser steigt; Die Wolke trägt; Die Wolke bricht; Das Wasser sickert; Der Mensch trinkt; Die Tiere und die Pflanzen trinken.

Wiewörter – Gegensatzpaare

Seite 31 ▶ Nr. 1 ▶ Kastanie

▶ Nr. 3 ▶ klein – groß, lang – kurz, dick – dünn, breit – schmal, schwach – stark, langsam – schnell, leise – laut

Seite 32 ▶ Nr. 1 ▶ Tennisball nicht groß, sondern klein; Brücke nicht schmal, sondern breit; Kirchenglocke nicht leise, sondern laut; Buch nicht dick, sondern dünn; Riese nicht schwach, sondern stark; Miniröcke nicht lang, sondern kurz; Schnecke nicht schnell, sondern langsam

Aussagesätze

Seite 33 ▶ Nr. 2 ▶ Karin möchte Himbeeren kaufen.
Leon trägt die Kartoffeln.
Vater vergisst die Tomaten.

Seite 34 ▶ Nr. 1 ▶ Mutter kauft grüne Stangenbohnen. Vater trägt einen Sack mit Kartoffeln zum Auto. Esma kostet einen Apfel. Die Bäuerin preist die leckeren Himbeeren an. Mutter sucht einen Bund Möhren und vier Kohlrabi aus. Demir wünscht sich einen Kürbis zum Aushöhlen. Aber Kürbisse gibt es erst im Herbst. Der Bauer schenkt den Kindern ein paar Äpfel. Die Bäuerin zählt zehn Eier in einen Karton. Esma erinnert die Mutter an die Tomaten.

Seite 35 ▶ Nr. 1 ▶ Im Frühling verdicken sich; Sie platzen auf; Der Wind weht; Bald trägt; Allmählich wachsen sie; Langsam reifen; Die Äpfel färben sich; Nun können sie

Seite 36 ▶ Nr. 1 ▶ Oma kocht eine leckere Erbsensuppe.
Oma kocht eine leckere Erbsensuppe auf dem Herd.
Vater kauft Kartoffeln.
Vater kauft Kartoffeln im Bauernladen.
Lena sammelt Walnüsse.
Lena sammelt Walnüsse in einem Korb.

Fragesätze

Seite 38 ▶ Nr. 1 ▶ Reihenfolge der Antworten: 3., 5., 1., 6., 2., 4.

Seite 39 ▶ Nr. 1 ▶ Reihenfolge der Antworten: 6., 4., 2., 1., 3., 5.

Aufforderungs- und Ausrufesätze

Seite 42 ▶ Nr. 2 ▶ Bring bitte die Teller!
Hol bitte die Löffel!
Stell bitte Wassergläser auf den Tisch!
Hol bitte eine Flasche Wasser aus dem Keller!
Stell bitte die Suppenschüssel auf den Tisch!
Verteil bitte die Suppe!

Zusammengesetzte Namenwörter

Seite 43 ▶ **Nr. 2** ▶ Stock + Bett, Schule + Bus, Garten + Tor, Auto + Tür, Klasse + Lehrerin, Klasse + Zimmer

Seite 44 ▶ **Nr. 2** ▶ Quark + Brot = Quarkbrot, Butter + Brot = Butterbrot, Honig + Brot = Honigbrot, Käse + Brot = Käsebrot, Marmelade + Brot = Marmeladenbrot, Schinken + Brot = Schinkenbrot

Seite 45 ▶ **Nr. 1** ▶ Bücherregal, Baumhaus, Würfelbecher, Federball, Gummistiefel, Ohrring, Kaffeelöffel, Zahnbürste, Briefmarke

Seite 46 ▶ **Nr. 2** ▶ Der Fingerring steckt am Finger.
Der Ohrring steckt am Ohr.
Mit der Haarbürste bürstet man sich die Haare.
Mit der Zahnbürste putzt man sich die Zähne.
Im Vogelhaus liegt das Futter für die Vögel.
Im Baumhaus spielen die Kinder.
Die Armbanduhr trägt man am Handgelenk.
Die Turmuhr befindet sich an einem Turm.

Sammelnamen

Seite 47 ▶ **Nr. 1** ▶ Schulsachen: Wörterbuch, Farbkasten, Anspitzer, Füller
Spielsachen: Würfel, Teddy, Puppe, Ball
Werkzeug: Schraubenzieher, Zange, Hammer, Säge

Seite 48 ▶ **Nr. 1** ▶ Schlüssel, Auto, Apfel, Amsel, Ball, Pfanne

▶ **Nr. 2** ▶ Spielsachen, Schulsachen, Werkzeug, Pflanzen, Geschirr, Kleidung

Wörterliste mit Grundwortschatz

Der Grundwortschatz umfasst ungefähr 700 Wörter. Er ist in diesem Arbeitsheft für die 1. und 2. Jahrgangsstufe zusammengestellt und fett markiert. Mager gedruckt sind die Wörter, die noch hinzugefügt wurden.

A

ab
Abend, **Abende**
aber
acht
Affe, Affen
alle, **alles**
als
also
alt, **älter**
am
Ampel, Ampeln
an
antworten, antwortet
Apfel, **Äpfel**
April
arbeiten, arbeitet
Arm, Arme
Ast, **Äste**
auf
Aufgabe, Aufgaben
Auge, Augen
August
aus
Auto, Autos

B

Baby, Babys
baden, badet
Ball, **Bälle**
Bank, Bänke
Bauch, **Bäuche**
bauen, baut
Baum, **Bäume**
bei
Bein, Beine
bewegen, **bewegt**
bezahlen, bezahlt
Biene, Bienen
Bild, **Bilder**
bin
Birne, Birnen
bis
bist
bitten, bittet
Blatt, **Blätter**
blau
bleiben, **bleibt**
blühen, blüht
Blume, Blumen
Blüte, Blüten
Boden, Böden
böse
braun
Brief, Briefe
bringen, **bringt**
Brot, **Brötchen**,
die Brote
Bruder, Brüder
Buch, Bücher
bunt
Busch, Büsche

C

Cent, Cents
Christbaum,
Christbäume
Clown, Clowns
Computer

D

da
danken, dankt
dann
das
dass
dein, **deine**, **deiner**
dem
den
denken, denkt
denn
der
des
Dezember
dich
die
Dienstag, Dienstage
dies, **diese**, **dieser**
dir
doch
Donnerstag, Donnerstage
Drache, Drachen
drei
du
dunkel
durch

E

Ei, **Eier**
ein, **eine**, **einer**
eins
Elefant, Elefanten
elf
Eltern
Ende, Enden
eng
Ente, Enten
er
Erde
es
essen, **isst**
euch, **eure**
Eule, Eulen
Euro, Euros

F

fahren, **fährt**
fallen, **fällt**
Familie, Familien
fangen, **fängt**
Februar
fein
Feld, **Felder**
Fenster, die Fenster
finden, findet
Finger, die Finger
Fisch, Fische
fliegen, **fliegt**
Flügel, die Flügel
flüssig
fragen, **fragt**
Frau, Frauen
Freitag, Freitage
fremd, **Fremde**
freuen, freut, **Freude**,
Freuden
Freund, Freunde
Freundin, Freundinnen
frisch
Frucht, Früchte
Frühling
füllen, füllt
Füller, die Füller
fünf
für
Fuß, Füße

G

Gans, Gänse
ganz, **ganze**, **ganzer**
Garten, Gärten
geben, **gibt**
gehen, **geht**
gelb, **gelbe**
Geld, **Gelder**
Gemüse
Gesicht, Gesichter
gestern
gesund, **gesunde**
Giraffe, Giraffen
Gras, **Gräser**
groß, **größer**
grün
gut

H

Haar, **Haare**
haben, **hat**
Hals, Hälse
halten, **hält**
Hand, **Hände**
hart, **härter**
Hase, Hasen
Haus, **Häuser**
Haut, **Häute**
Hecke, Hecken
her
heiß
heißen, heißt
helfen, **hilft**, **Hilfe**
hell
Hemd, **Hemden**
Herbst
Herr, Herren
heute
Hexe, Hexen
hier
Hilfe, Hilfen
Himmel
hin
hinter
hören, hört
Hose, Hosen
Hund, Hunde
hundert

Wörterliste mit Grundwortschatz

I

ich
Igel, die Igel
ihm
ihn, ihnen
ihr, ihre
im
immer
in
ins
ist

J

ja
Jacht, Jachten
auch: Yacht, Yachten
Jahr, Jahre
Januar
jede, jeder, jedes
Juli
Junge, Jungen
Juni

K

Käfer, die Käfer
Kalender, die Kalender
kalt, Kälte
Katze, Katzen
kaufen, kauft
kein, keine, keiner
Kind, Kinder
Klasse, Klassen
Kleid, Kleider
klein, kleine
kommen, kommt
können, kann
Kopf, Köpfe
Körper, die Körper
krank, kranke
Kraut, Kräuter
Kuh, Kühe

L

laufen, läuft
laut, laute
leben, lebt
legen, legt
leicht, leichte
leise
lernen, lernt
lesen, liest
Leute
Lexikon, Lexika
Licht, Lichter
lieb, lieben, liebt
liegen, liegt
Löwe, Löwen

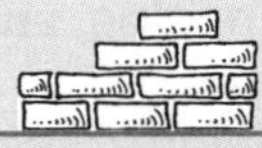

M

machen, macht
Mädchen, die Mädchen
Mai
malen, malt
man
Mann, Männer
März
Mauer, Mauern
Maus, Mäuse
Meerschweinchen, die Meerschweinchen
mein, meine, meiner
Messer, die Messer
mich
Minute, Minuten
mir
mit
Mittwoch, Mittwoche
Monat, Monate
Montag, Montage
morgen
Mund, Münder
müssen, muss
Mutter, Mütter

N

nach
Nacht, Nächte
Name, Namen
Nase, Nasen
Nebel, die Nebel
nehmen, nimmt
nein
neu
neun
nicht
nichts
nie
Nilpferd, Nilpferde
November
nun
nur

O

ob
Obst
oder
oft
Ohr, Ohren
Oktober
Onkel, die Onkel
Osterhase
Ostern

P

Papier, die Papiere
Pferd, Pferde
pflanzen, pflanzt
pflegen, pflegt
Pizza, Pizzas/Pizzen
Platz, Plätze
Pommes
Puppe, Puppen

Q

Quadrat, Quadrate
quaken, quakt
Qualle, Quallen
Quirl, Quirle

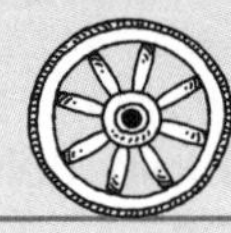

R

Rad, Räder
Raupe, Raupen
rechnen, rechnet
reden, redet
Regen
reich
reisen, reist
Rock, Röcke
rollen, rollt
rot
Rücken, die Rücken
rufen, ruft

S

Saft, Säfte
sagen, sagt
Salz, Salze
Samstag, Samstage
Sand, sandig
Satz, Sätze
schauen, schaut
scheinen, scheint
Schere, Scheren
schlafen, schläft
schlagen, schlägt
Schmetterling, Schmetterlinge
Schnee
schneiden, schneidet
schnell
schon
schön
schreiben, schreibt
schreien, schreit
Schuh, Schuhe
Schule, Schulen
schwarz
Schwester, Schwestern
sechs
sehen, sieht
sehr
Seife, Seifen
sein, seine, seiner
seit
Sekunde, Sekunden
September
sich
sie
sieben
sind
singen, singt
sitzen, sitzt
so
Sohn, Söhne
sollen, soll
Sommer, die Sommer
Sonne
Sonntag, Sonntage
Spaghetti, auch: Spagetti
sparen, spart
spielen, spielt
Sport
Stange, Stangen
Stängel, die Stängel
stehen, steht
stellen, stellt
Stift, Stifte
still
Stirn, Stirnen
Strauch, Sträucher
Stunde, Stunden
suchen, sucht

Wörterliste mit Grundwortschatz

T

Tag, **Tage**
Tante, Tanten
Tasche, Taschen
Tasse, Tassen
Teddy, Teddys
Tee, Tees
Telefon, Telefone
Temperatur,
Temperaturen
Thermometer,
die Thermometer
Tier, Tiere
Tochter, Töchter
tragen, **trägt**
trinken, trinkt
turnen, turnt

U

üben, **übt**
über
Uhr, Uhren
um
und
uns, **unser**, **unsere**
unten
unter

V

Vase, Vasen
Vater, Väter
Verkehr
versuchen, versucht
viel
vier
Vogel, Vögel
vom
von
vor

W

Waage, Waagen
wann
warm, **Wärme**
warten, wartet
warum
waschen, **wäscht**
was
Wasser
Weg, **Wege**
Weihnachten
weil
weiß
weit
weiter
welche, **welcher**
wem
wen
wenig
wenn
wer
werden, **wird**
Wetter
wie
wieder
Wiese, Wiesen
Wind, **Winde**
Winter, die Winter
wir
wo
Woche, Wochen
wohnen, wohnt
wollen, **will**
Wort, Wörter
wünschen, wünscht
Wurzel, Wurzeln

X

X-Beine
Xylofon
auch: Xylophon

Y

Yak, auch: Jak, Jaks
Ypsilon

Z

Zahl, Zahlen
zählen, zählt
Zahn, **Zähne**
Zebra, Zebras
Zehe, Zehen
zehn
zeigen, **zeigt**
Zeit, Zeiten
Zimmer, die Zimmer
zu
Zucker
zum
zur
zusammen
zwei
Zwiebel, Zwiebeln
zwölf

1. Schreibt jedes Wort von Trollis Sammlung auf einen kleinen Zettel.
2. Ordnet die Wörter nach dem Alphabet. Schreibt sie dann geordnet in euer Heft

Kleine Hilfe beim Untersuchen der Sprache

1. Wortarten

Deutsch	Latein	Beispiel
Namenwort	Nomen	das Haus
Tunwort	Verb	laufen
Wiewort	Adjektiv	schön

2. Begleiter

Deutsch	Latein	Beispiel
bestimmte Begleiter	Artikel	der, die, das
unbestimmte Begleiter	Artikel	ein, eine

3. Zahlform des Namenwortes

Deutsch	Latein	Beispiel
Einzahl	Singular	der Vater, ein Vater die Mutter, eine Mutter das Kind, ein Kind
Mehrzahl	Plural	die Väter, viele Väter die Mütter, viele Mütter die Kinder, viele Kinder

4. Satzarten

Aussagesatz	Trolli spielt Fußball.
Fragesatz	Spielt Trolli Fußball?
Ausrufesatz	Hurra, heute spielt Trolli im Fußballteam mit!
Aufforderungssatz	Trolli, spiel bitte heute nicht Fußball!